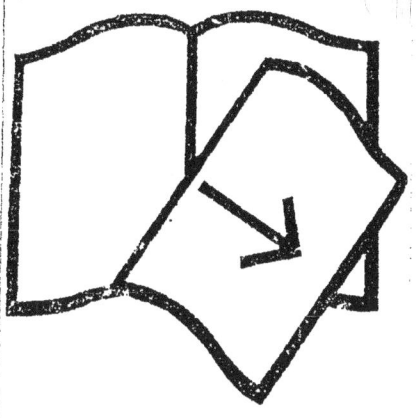

Couvertures supérieure et inférieure manquantes

ECHEVIS

RELIGIEUX

NOTICE HISTORIQUE

PAR

L'Abbé L. FILLET

Aumônier de la Trinité à Valence

MONTBÉLIARD

IMPRIMERIE P. HOFFMANN

1882

EXTRAIT DU
*Bulletin d'histoire ecclésiastique et d'archéologie religieuse
des diocèses de Valence, Digne, Gap, Grenoble et Viviers*
3ᵉ ANNÉE 2ᵉ LIVRAISON

ECHEVIS RELIGIEUX

Echevis est une paroisse formant l'extrémité nord-est du canton de Saint-Jean-en-Royans. Elle est située entre le Petit et le Grand-Goulet, issues célèbres de l'étroite vallée qu'elle comprend, et elle est traversée par la route si pittoresque de Die à Pont-en-Royans : issues et route qui ont donné depuis quelques années à Echevis une circulation et une notoriété auxquelles il était loin de prétendre.

Mais, si son état présent est connu, son passé ne l'est guère. Etudions celui-ci, du moins sous le rapport religieux, à l'aide de quelques renseignements fournis par la tradition et les archives.

Et d'abord, quant au nom d'Echevis, on écrivait d'*Eschavis* en 1236, d'*Echavis* en 1345, d'*Eschavis* vers 1375, d'*Eychavis* en 1406, *de Eschaffino* en 1449, *de Eschaffinis* en 1451, *Echavisium* en 1496, *de Eschafinis* en 1516, *Eschevis* en 1551, *Eschaffins* en 1613, *Eschevins* en 1658, *Eschevis* plus tard [1].

D'après M. de Coston, ce mot aurait été formé du latin *cavus*, comme *cavain*, *cavin*, *chave*, cave, lieu creux, tranchée, en vieux français ; et du mot *vis*, qui, emprunté à un radical sanscrit, *visa*, eau, rivière, désignerait la Vernaison, qui coule au fond de la vallée.

---

[1]. Ulysse CHEVALIER, *Not. sur la Chartr. de Bouvante*, dans le *Journal de Die*, 30 août et 29 nov. 1868; *Polypt. Diens.*, n° 255 ; — Arch. de la Drôme, fonds de Sainte-Croix et de l'évêché de Die; — *Bull. de la Soc. d'archéol. de la Drôme*, t. VI, p. 46 ; — Minutes de M° Combe, not° à Saint-Martin-en-Vercors, *passim*; — Notes dues à l'obligeance de M. Lacroix, archiviste de la Drôme.

Toutefois, le savant philologue, après avoir donné cette étymologie comme vraisemblable, en indique une autre qui est partiellement différente, et que le lecteur est libre de préférer. « M. Mannier, dit-il, cite comme analogue » à Echevis « le « nom de *Squavia*, aujourd'hui *Ecoivres* (Pas-de-Calais), et M. « Péan, le manoir des *Echevées* (Indre); il traduit *Echevis*, pour « *Uchevis*, par *haut torrent*, Hauterive. L'*u* d'*uch* (haut) a été « changé en *e*, comme dans *juniperus*, genièvre, *succurrere*, se- « courir, etc. » Il appuie cette étymologie en rappelant que *vis* signifie *cours d'eau*, et en faisant observer que la *Vis* traverse le département du Gard, que la Vernaison, rivière d'*Echevis*, descend des hautes montagnes du Vercors, et qu'*Echevanne* ou *Echavanne* veut dire *haut mont* [1].

Si les sépultures faites dans des tombes à auges en pierre, avec dépôt de vases funéraires en terre grossière, étaient particulières à l'époque gallo-romaine, nous pourrions reporter l'habitation d'Echevis à une antiquité passablement respectable ; car des tombes de ce genre, munies chacune d'un de ces vases, ont été trouvées à diverses reprises autour de la petite église du lieu. M. Beguin, curé de la paroisse, nous a montré plusieurs de ces vénérables représentants de la céramique ancienne de nos localités, et nous avons pu les examiner tout à loisir. Ce sont des urnes de forme presque sphéroïdale, et munies d'une anse. Elles ont 0^m,10 en hauteur et 0^m,12 dans leur plus grande largeur. Mais l'usage de ces sépultures n'était pas entièrement abandonné en France au XIVe siècle.

La tradition locale a conservé le souvenir d'une maison de religieuses qui aurait existé jadis sur la rive droite de la Vernaison, dans la propriété Viret, au midi du grand lacet de la route, au-dessous de celle-ci, et à environ un kilomètre et demi avant d'atteindre le premier tunnel du Grand-Goulet. Pour préciser l'endroit, on indique le pied de ce vaste amas de pierres et rochers bruts, qui frappe si étrangement les yeux du voyageur par les caractères relativement récents de l'éboulement, cependant plusieurs fois séculaire, qui l'a produit. Là,

---

1. *Etymologies des noms de lieu de la Drôme*, pp. 81, 178 et 254.

dit-on, se trouvent des ruines et se dessinent, quoique imparfaitement, des murs, des voûtes et autres parties de cette maison religieuse, abandonnée par ses habitants après le premier éboulement, afin de prévenir les dangers d'un second.

Supposé la vérité de la tradition, à quel ordre attribuer cette maison ? Réduit aux hypothèses, nous avions d'abord pensé à des religieuses bénédictines affiliées aux bénédictins de Montmajour près Arles. Ces derniers, en effet, avaient vers 1040 des possessions considérables dans le Royans [1], et nous verrons que les dîmes d'Echevis dépendirent aux XVIIe et XVIIIe siècles de leur prieuré de la Sône [2].

Mais bientôt nous constatâmes l'absence d'Echevis dans le rôle général ancien des dépendances de Montmajour [3], et les indications suivantes nous reportèrent à un autre ordre de religieuses.

En 1335, Almoys ou Almuec de Châteauneuf, abbesse de Vernaison sur Châteauneuf-d'Isère, vendit une terre située à Châtelus-en-Royans, localité adjacente à Echevis, et cette aliénation fut annulée par le pape en 1336 [4].

D'autre part, un ancien notaire de Pont-en-Royans, Me Terrot père, homme judicieux et instruit, nous assurait en 1863 que ses prédécesseurs dans la possession du domaine de Sillat, à Sainte-Eulalie, avaient payé redevance (une quarte et demie de noyaux, s'il nous en souvient bien) aux religieuses de Vernaison. Ce fait n'aurait même pas été isolé ; d'autres habitants de Sainte-Eulalie payaient des redevances à ces religieuses, qui auraient eu une maison audit lieu. Il peut s'agir en ces redevances de pensions semblables pour l'origine à celle d'un quartal de noyaux vendue vers 1484, sur terre et vigne à la Pérerie, par Feysan dit Valette, de Sainte-Eulalie, à Blanc, procureur du luminaire de Notre-Dame d'Alixan [5] ; mais rien

---

1. *Chartul. S. Hugonis*, A, xxxiv ; — MABILLON, *Annal. ord. S. Bened.*, t. IV, p. 731.
2. Arch. de la Drôme, *Visites de Die* ;—BRUN-DURAND, *Pouillé de Die*, p. 39.
3. F. de MARIN DE CARRANRAIS, *L'Abbaye de Montmajour*, p. 145-8,
4. *Bullet.* cit., t. IV, p. 464.
5. LACROIX, *Invent. des arch. de la Drôme*, E, 2126.

ne nous dit qu'elles ne résultaient pas de rapports plus étroits entre les religieuses de Vernaison et Sainte-Eulalie. Or cette paroisse est attenante à Echevis; elle lui sert d'issue du côté de la plaine. Avant la percée du Petit-Goulet, le chemin conduisant d'un lieu à l'autre passait sur la crête du *Penat*, qui forme limite; et au point où se voyaient autrefois des masures qualifiées de *château de Gilfort*. Aussi s'appelait-il le *chemin de Gilfort* [1].

Ces indications nous avaient fait soupçonner entre les religieuses de Vernaison et celles d'Echevis, dont la maison avoisinait la rivière de Vernaison, plus qu'un rapport d'homonymie fortuite. Mais voici que M. le docteur CHEVALIER nous apprend, d'après le *Cartulaire de Saint-Barnard*, que l'abbaye de Vernaison tirait ce nouveau nom de celui du lieu où elle avait été transférée, et non de la rivière en question [2].

Quoi qu'il en soit de l'intéressante, mais obscure, question de nos religieuses et des possesseurs primitifs du bénéfice ecclésiastique, Echevis, que les Chartreux de Bouvante indiquaient dès 1236 comme limite septentrionale de leurs forêts, formait anciennement une paroisse du diocèse de Die et de l'archiprêtré de Crest [3]. Probablement possédée et desservie aux XII et XIIIe siècles par les religieux de Ste-Croix établis à Pont-en-Royans, elle était confiée au XIVe à un prêtre séculier, qui en percevait les revenus, mais en payant au prieuré du Pont une petite redevance annuelle. En effet un inventaire des biens de ce prieuré, de l'an 1406, nous apprend que le curé de Saint-Michel d'Echevis *(curatus Sancti Michaelis d'Eychavis)* faisait alors à ce même prieuré une pension annuelle de deux sétiers de froment [4]. Mais c'est là la seule trace que nous ayons des droits de ce dernier sur Echevis, et pendant plus de deux siècles le curé seul apparaît comme possesseur du bénéfice.

Dès 1449, ce curé est taxé à 2 florins par an pour le droit

---

1. Ce chemin est mentionné sous ce nom dans un acte de 1657, intéressant le prieuré du Pont (Archives de la Drôme).
2. *Bull. d'hist. ecclés. et d'archéol. relig. du dioc. de Valence*, t. II, p. 19.
3. Ulysse CHEVALIER, locis cit.
4. Arch. de la Drôme, fonds de la commanderie de Sainte-Croix.

épiscopal de visite et de procuration [1], et un registre de 1451, en portant la même taxe, dit que notre curé d'Echevis en paya 6 gros par les mains de Jean son fermier, autant par lui-même, et 1 florin par les mains du vicaire de Saint-Martin [2]. Et c'est tout ce que nous avons sur Echevis pour le XVe siècle, sauf une pièce de 1496 appartenant aux ordres religieux, dans les archives de la Drôme, et où il est question de *perrochia Echavisii*.

Inutile de s'arrêter à un pouillé de 1516, qui mentionne *cura de Eschafinis* [3]. Mais l'intérêt spécial de l'acte suivant, de 1551, nous engage à en donner le texte.

« A tous et a ung chascun presentz et advenir soit notoire
« comme Me Anth^e Souffrey, prebtre du Pont en Royans,
« auroit arrenté de Me Jehan Albert, prebtre et curé d'Eschevis,
« sa cure, emolumentz, services et appertenances d'icelle,
« pour le terme et spasse de troys ans et troys prises, commen-
« sans le quinziesme jour du moys de novembre et en sem-
« blable jor finissantz, pour le pris de doze escutz d'or soleil,
« ung chascun escut vallant quarante six solz tournois, que
« sount pour lesd. troys ans trente six escutz, soubz les pactz
« et conditions aud. instrument d'arrentement contenues,
« comme dient coster plus applain en l'instrument d'arren-
« tement receu par Me Nycolas Jobert, notaire du Pont en
« Royans ; et vouldroit led. Me Souffrey, empêché de plusieurs
« autres affayres, comme dict, soubarrenter à Me Gaspard
« Bovier, prebtre de la Chappelle de Vercors, et le mectre
« en son lieu, a la forme que led. Me Jehan Albert luy auroit
« arrenté. Pour ce est il que huy six^{me} jor du moys de mars
« an mil cinq centz cinquante ung prins a la Nativité, ez pre-
« sences de moy not^e soubzné et tesmoigns soubzmés, personnel-
« lement stabiy led. Me Anth^e Souffrey, lequel de son bon gré,
« par luy et les siens, a la forme de l'arrentement aud. M^e
« Souffrey faict par led. Me Jehan Albert, a soubarrenté et
« par tiltre de soubarrentement balhié aud. Me Gaspard Bovier,

---

1. Brun-Durand, op. et loco cit.
2. Arch. cit., fonds de Die.
3. Notes de M. Lacroix.

« present et soubarrentant, par luy et les siens, a scavoyr : lad.
« cure, emoluuientz et appertenences d'icelle ; et ce pour le
« terme et spasse de troys ans et troys prises, commensés le
« quinz° jor du moys de novembre prochain passé et en sem-
« blable jor finissant, les d. troys prises levées et reculhies. Et
« ce, pour le pris por ung chun an desd. troys ans de doze
« escutz d'or soleil, valeur que dessus, que souint trente six
« escutz por lesd. troys ans, poiables vingt quatre escutz d'or
« soleil, valeur que dessus, aud. M° Souffrey à la procheyne
« ven. feste de Quasimodo, et les doze escutz restans a scavoyr :
« six escutz d'or soleil à la procheyne ven. feste de Toussainctz,
« et à l'aultre procheyne suivant feste de Toussainctz les
« aultres six escutz d'or soleil, avec tous despens, domages
« et interrestz ; et lequel M° Gaspard Bovier sera attenu de
« servir ou faire servir en lad. cure comme led. M° Souffrey
« est soubmis aud. arrentement, et aussy led. Bovier poier
« toutes decimmes royalles et papales en diminution du susd.
« pris. Et icy personnellement stably venerable homme M°
« Esthiene Michel, prebtre, oncle dud. M° Gaspard Bovier,
« lequel de son bon gré, pour luy et les siens, pour led. M°
« Gaspard Bovier, present et requerant, soy est constitué et
« constitue fiance et actenir principal, avec deue renunciation
« de droict de plustost faire convenir le principal que fiance, et
« lequel principal sad. fiance a promis garder de domage ;
« avec pache aussy que led. M° Anth° Souffrey, pour ce que
« cy dessus actendre, a promis de balhier aud. M° Bovier
« fiance ydoine et souffisante à la première requeste dud.
« Bovier, qu'il luy faict de present. Prometans lesd. maistres
« Anth° Souffrey soubarrenteur, Gaspard Bovier soubarrenda-
« taire, et Esthiene Michel fiance, ung chun d'iceulx tant que
« le touche respectivement, par eulx et les leurs, comme
« dessus, moyenant leurs et d'ung chun d'iceulx sermens,
« etc., et soubz l'obligation et ypothèque expresse de tous et
« chuns leurs biens meubles, immeubles, presentz et advenir,
« le present soubarrentement et tout ce qu'est cy dessus et
« soubz au present instrument escript et contenu, avoir agre-
« able et actendre ; soy soubmetantz pour ce tous et chuns

« leursd. biens aux cours majeur du balhiage Sainct Marcellin,
« spirituelle de Dye et ordinaire de Vercors, et a une chûne
« d'icelles seulle et pour le tout ; renonçantz les susd. sou-
« barrenteur et soubar.rendataire et fiance, avec sermens et
« obligation que dessus, a tous droictz, actions, exceptions,
« deceptions et cautheles a ce que dessus contrevenans, et
« mesmement au droict à la generalle renunçiation derogeant.
« ... De quoy... Faict au bourg de la Chapelle de Vercors, dans
« la maison de la chappelle de Me Barth. Arier, prebtre, ez
« presences de Mes Giraud Breyton, Pierre Garench Grate et
« Michel Gone, prebtres dud. Vercors, temoigns a ce appellés
« et presentz que dessus, et moy not^e soubzné.

M. Lamit [1] ».

Rigoureusement, les contrats de ce genre étaient des substitutions légitimes aux droits et charges d'un bénéfice ecclésiastique. Ils étaient assez de mise aux XVe et XVIe siècles. Ce sont surtout les changements survenus depuis dans l'état social et dans la discipline ecclésiastique qui les rendraient choquants, ou plutôt impossibles aujourd'hui. Cependant, furent-ils toujours empreints de l'esprit apostolique ? furent-ils tous étrangers à ces maux que déplorèrent hautement des âmes d'élite, et que Bossuet regardait comme ayant attiré sur l'Eglise les lamentables désastres de la prétendue réforme ? [2]

Ce n'est pas ici le lieu de répondre à cette double question ; mais on est réduit à constater que les guerres engendrées par cette réforme déformatrice furent désastreuses pour Echevis. La population y devint en partie protestante, et l'église paroissiale, soit vandalisme, soit incurie, tomba en ruines.

En effet, le vicaire général faisait en 1613 la visite canonique d'Echevis. Après avoir constaté que la paroisse était sous le patronage « du glorieux archange St Michel », il prescrivait à Jean Le Blanc, curé de Châtelus et décimateur de « lad. pa-
« roisse d'Eschaffins » de faire réédifier « le sanctuaire ou chœur
« de lad. eglize », qui était « entierement ruiné, et dans iceluy »

---

1. Minutes cit., reg. coté n° 146, fol. cxlvj-viij.
2. *Histoire des variations des églises protestantes.*

faire « dresser un autel, et le tout mestre en bon estat dans
« quatre mois et interim ». Il ordonnait aussi que « les manants
« et habitants catholiques et autres y estants tenus par les
« constitutions canoniques et ordonnances royalles, » fissent
« rebastir, dans une année et interim, la nef d'icelle eglize »,
qu'il avait « trouvée pareillement ruinée »; qu'ils la fissent
« couvrir et mettre en deu estat », et la meublassent « de croix,
« calice, ciboire, tabernacle, chappes, chasubles, cresmoires, fons
« baptismales, benistier, cloches, livres et autres ornements
« necessaires pour la celebration de la Saincte Messe et admi-
« nistration des Sacrements »; qu'ils fissent « fermer et clorre
« leur cimetiere » et empêchassent « que les corps de ceux de la
« religion pretendue reformée n'y » fussent « inhumez, con-
« formement aux ordonnances royales ». Varnier, n'ayant
« peu trouver le consul dud. lieu ni autre catholique » pour
signifier l'ordonnance, chargea le substitut du procureur fiscal
de l'évêque de la faire signifier à qui de droit et de tenir la main
à son exécution. Le Blanc, curé, signa au procès-verbal [1].

L'église fut rebâtie sous Le Blanc, encore curé de « la par-
roisse de Chastelus et Eschevis » en 1626, ou sous Pierre Bessée, son successeur.

En effet, après la mention de ce dernier comme « curé dud.
Echevis », dans un vieux parcellaire du lieu, à raison d'une
terre que ce curé y possédait en 1640, et comme curé de Châtelus, en des procédures de 1644, à propos de difficultés qu'il
avait à ce dernier titre avec les Antonins du Pont [2], on trouve
un procès-verbal de visite de Mgr de Cosnac en 1658, contenant ce qui suit. Le prélat trouve « la paroisse d'Eschevins
soubs le vocable de St Michel », et y est reçu par « Mᵣ Pierre
Bessée, prebtre curé dud. lieu, proveu *pleno jure* »; le chœur de
l'église est « blanchi, couvert de bois et pavé », et la nef « aussi
« blanchie, couverte de bois bien uni, non pavée ». Mais pas de
confessionnal; les fonts baptismaux ne ferment pas; tout le

---

1. Arch. de la Drôme, *Visites de Die*.
2. Arch. de la mairie d'Echevis; — id. de la Drôme, fonds de la command. de Ste-Croix.

mobilier consiste en 2 chandeliers de bois, 1 croix de laiton, 1
« peignoir » pour devant d'autel, 3 nappes, 1 pierre sacrée, 1
missel, 1 calice avec patène d'étain, 1 chasuble avec son étole ;
« le cimetière joignant, tout ouvert, sert pour 12 familles ca-
« tholiques; il y en a 8 de la R. P. R. ; le curé ne fait la doctrine
« ni ne dict vespres » ; il y a maison curiale en état ; les revenus du bénéfice « concistent aux dismes, qui sont exigées à la
« cotte 24 », et valent, « conjointement avec ceux de Chastelux,
« 42 sestiers, sur quoy il faut qu'il paye les décimes ». Le prieur
de la Sône prétend aux dîmes et au patronage de la cure, comme
à Châtelus. Le prélat ordonne que la paroisse sera désormais
« servie par un curé »; il permet néanmoins que, en attendant
qu'il y ait pourvu, le même curé desserve Châtelus et Echevis;
il ordonne aux décimateurs de faire « paver » le chœur, de
fournir 1 calice ayant au moins la coupe d'argent ainsi que la
patène, 1 chasuble avec étole de soie, 1 devant d'autel, 1 aube,
2 chandeliers de laiton, 1 tableau pour orner l'autel, le tout
dans le délai de 6 mois, « et au *pro rata* de ce que le chacun
« d'heux prand sur les dismes, dextraction faite de la portion
« congrue du sr curé, si elle est entierement payée sur les fruits
« decimaux ». Ordonné aux habitants de faire faire un confes-
sional, de clore le cimetière, d'acheter des crémières; et au curé,
de faire le prône tous les dimanches, de « chanter vespres festes
et dimanches », de tenir registres des baptêmes, mariages et
sépultures [1].

Cependant Echevis continua encore plusieurs années à n'a-
voir qu'un même curé avec Châtelus, et ce fut seulement sous
Louis Millou, « d'Alon, diocèse de Senés en Provence », curé
de ces deux paroisses dès 1664, que fut opérée la division. Celle-
ci eut lieu à la fin de décembre 1676 et, Echevis ayant conservé
Millou, ce lieu compléta ses améliorations. Ainsi le portail de
l'église fut fait bientôt après, comme le prouve l'inscription
suivante, gravée sur l'arc de ce portail :

1. Arch. de la Drôme, *Visites de Die*.

```
        S   M   O
      I   V   I   M
        M   †   P
          I H S
          1678
```

Cette autre inscription : MILHOV CVRÉ, 1685, gravée sur le linteau de la porte de l'ancien presbytère, accuse de son côté la date de cette porte.

Millou ramène au giron de l'Eglise tous les protestants d'Echevis antérieurement à 1687, année où son cimetière est clos, son presbytère et son église en bon état. Les ornements sont cependant encore pauvres. Seuls le calice avec sa patène, et une petite boîte, sont d'argent. Le revenu curial consiste dans le modeste casuel, et dans « 300 livres payés par le prieur de « la Saone », à la présentation duquel est le curé approuvé par l'ordinaire.

Ce digne pasteur continua à diriger Echevis jusqu'au 26 février 1706, jour où il mourut, âgé d'environ 68 ans. Il fut inhumé le lendemain, « dans la tombe qui est dans le cœur de cette église St-Michel d'Echevis 1 ».

La paroisse faisait depuis quelques années partie de l'archiprêtré de Vercors, et le curé était de la seconde assemblée des conférences, c'est-à-dire de celle du Royans 2.

Après un *interim* d'un an, fait par « F. J. Fanjas », religieux antonin, paraît le 17 avril 1707 Paul-Charles Chalvet, d'abord « curé commis », puis, de mars 1708 à 1751, « prieur et curé « d'Echevis ».

A Chalvet succéda en 1752 Jean Darène, prêtre du diocèse de Riez en Provence, précédemment curé de Châtelus et prieur de Saint-Just-de-Claix, qui, le 30 octobre de lad. année, fut pourvu de la chapelle de Notre-Dame-de-Pitié fondée à Saint-

---

1. Arch. de la mairie d'Echevis ; — id. de la Drôme, *Vis.* cit. et fonds de la command. de Ste-Croix ; — Minutes cit., passim.
2. Ordon. synod. de Die de 1698, p. 56.

Martin-en-Vercors, obtenue par permutation avec Joseph Malsang, contre le prieuré simple de Saint-Just [1].

Darène, comme Chalvet, se qualifiait prieur d'Echevis. A quel titre, puisque Echevis n'était pas prieuré, et que ses dîmes, affermées 500 livres en 1759, continuaient à appartenir au prieuré de la Sône ? [2] Au même titre que tant d'ecclésiastiques sans abbaye se qualifient abbés : affaire d'extension d'abord, d'usage ensuite.

Le dernier acte connu de M. Darène, comme curé d'Echevis, est du 21 juin 1780. Devenu ensuite curé des Hières en Oisans, il mourut bientôt après et fut inhumé à Echevis, comme prouve l'acte suivant :

« L'an que dessus (1780) et le douzieme aoust, a été enseveli
« dans le cimetiere de la paroisse d'Echevis sieur Jean Darene,
« curé d'Aysiers en Oisan, ancien curé prieur dud. Echevis,
« muni des sacrements des mourans, agé d'environ soixante et
« douse ans...Barthelemy, curé de Chatelus [3] ».

Il fut remplacé à Echevis par son neveu, Jean-Claude Darène.

Celui-ci, encore « accolitte du diocese de Grenoble » et déjà résidant à Echevis, avait été pourvu par l'évêque de Die, le 30 novembre 1758, et mis en possession, le 5 du mois suivant, de la chapelle de Notre-Dame-de-Pitié de Saint-Martin-en-Vercors, résignée par son oncle. On le trouve en outre « desservant la « sacristie de Sechiliene », diocèse de Grenoble, en mai 1760, et curé des Hières, mandement de la Grave-en-Oisans, même diocèse, en 1769 et 1777. Il fut à son poste d'Echevis depuis la fin d'août 1780 jusqu'à la fin de novembre 1792 [4].

Nous ne savons par quels faits particuliers le régime de la

---

1. Arch. et minutes cit.
2. BRUN-DURAND, op. et loco cit.; — Notes de M. Lacroix.
3. Minutes cit.; — Arch. de la mairie d'Echevis.
4. Ibid. — Le titre d'acolyte que J.-Cl. Darène avait en 1758, et celui de curé qu'il prenait dès 1769, ne permettent pas de le confondre avec le prêtre de mêmes nom et prénom qui desservira Echevis de 1796 à 1831 et y mourra à 73 ans 8 mois. Du reste, la signature *Darène* de 1792 diffère sensiblement, pour la forme, de celle de 1796 et plus tard.

Terreur se signala à Echevis ; mais à partir d'août 1796 le saint ministère y fut exercé d'une manière presque régulière. Le 30 dud. mois, « Vette, prêtre, agissant comme délégué du St-« Siege et autorisé par les préposés spéciaux de Mgr l'archevê-« que de Vienne, administrateur du diocèse de Die », accorde dispense de 2 bans et du 2e degré de parenté à des époux d'Echevis, qu'il marie « en présence du sieur Claude Darene » et d'autres personnes. « Darene, prêtre », y enterre, en septembre suivant, un homme muni de tous les sacrements, et en octobre il y baptise. En janvier 1797, après les publications à la forme accoutumée, il y marie ; en janvier et février, il y baptise « avec les cérémonies », et en février il y publie et marie. Tout cela, d'ailleurs, se faisait aussi alors à Pont-au-Royans.

M. Darène se qualifie « curé commis » d'Echevis en février, juin et sept. 1797, mais se signe simplement « Darène prêtre » dans la plupart des actes de la même époque et dans ceux des cinq années suivantes.

On le voit faisant à Echevis, le 20 nov. 1797, un mariage avec dispense du 3e degré de parenté accordée le 14 par « M. Fédon, administrateur du diocèse de Die ».

Non content de desservir Echevis, il se sacrifie pour les fidèles des paroisses voisines dont la tempête a éloigné les pasteurs. Ainsi, le 7 mai 1799, « d'après les pouvoirs accordés « par nos vicaires généraux du diocèse de Die », il bénit le mariage d'époux de St-Hilaire et de St-Laurent ; le 18 décembre, il baptise 13 enfants à la fois, « avec les cérémonies de l'Eglise ». Le 13 janvier 1800, il marie des époux de St-Agnan et de la Chapelle. Il en marie, le 10 février, du Villard-de-Lans ; le 18, de St-Martin-en-Vercors et du Villard ; le 19, de St-Martin-en-Vercors ; le 24, de St-Laurent. Enfin, jusqu'à décembre 1801, il fait une foule de baptêmes et de mariages des paroisses du Haut et du Bas-Bouvante, de St-Jean, de St-Laurent, de Ste-Eulalie, de Laval, de Châtelus, du Villard, de St-Julien et de St-Martin-en-Vercors.

M. Darène dut cependant, lui aussi, fuir à certaines heures devant la tempête. Il montrait plus tard, au milieu de rochers abrupts d'Echevis, à des personnes encore vivantes aujourd'hui, la caverne où il s'était réfugié, vêtu d'habits laïques et coiffé d'un bonnet rouge.

Nommé curé de cette paroisse, au rétablissement du culte, Jean-Claude Darène y mourut le 28 août 1831, muni des sacrements et âgé de 73 ans 8 mois. Il y fut enterré le lendemain, par M. Mouralis, archiprêtre du canton [1].

M. Joseph Beguin, né à St-Jean-en-Royans en 1805, ordonné prêtre en 1828, et vicaire de la Chapelle-en-Vercors, le remplaça en septembre 1831. Sous celui-ci, l'église a été allongée d'une travée vers la porte, dont les montants et l'arc, ajustés à la nouvelle façade, continuent à servir de portail. Elle a depuis lors trois travées, le chœur non compris, et mesure quelques 11 mètres de long sur 5 de large. Elle est voûtée à plein ceintre et rehaussée d'un clocher en pierre parfaitement assorti. Bien entretenue et fort propre, munie d'autels fort convenables et des ornements et vases sacrés requis, elle fait également honneur à l'administration locale et au curé.

Ce dernier est toujours M. Beguin, qui fait le bien à Echevis depuis plus de 50 ans, et que ses paroissiens vénèrent pour sa piété, son abnégation et sa charité.

L'extrême modicité de la population [2] n'a jamais guère comporté l'établissement de confréries à Echevis. Aussi n'y en trouve-t-on pas dans les siècles passés. Il y a aujourd'hui celle du Rosaire, que M. Béguin fit ériger pour les personnes des deux sexes, quelque temps après son arrivée dans la paroisse.

Jadis étaient à Echevis « les fonds tenus par le s^r curé dud. lieu, fondés en l'esglise Ste-Anne ». Ces termes fournis par un parcellaire du lieu rédigé en 1640, supposent qu'il y a eu à Echevis une « église Ste-Anne », en dehors de l'église paroissiale. La tradition parle en effet d'une église qui aurait existé à 400 pas au midi de cette dernière, et qu'aurait détruite une

---

1. Arch. de l'église d'Echevis.
2. Elle était en 1687 de 25 à 30 ménages, en 1836 de 195 âmes habitant 45 maisons, et en 1839 de 228 âmes (*Bullet.* cit., XV, 69 ; — DELACROIX, *Statist. de la Drôme*, p. 402-3). Elle est aujourd'hui d'environ 200 âmes.

inondation du ruisseau d'*Aunan*. En tout cas, les biens de Ste-Anne étaient la plupart vers ce lieu. Les voici tous d'après le parcellaire indiqué :

« Maison, prés, terres, tout joint ensemble, eglize perro-
« chialle dans led. fonds, contenant en pré trois faucheurs, et
« en terre deux sesterées une pugnère d'un costé, deux sesterées
« et demy pugnère d'autre, confronte chemin tendant du Pont
« vers les Odemars du levant et vent, le rif de la Mourrelère
« du couchant et bize, terre du sieur Estienne Pourroy aussy
« du levant et bize.

« Autre piece de pré assis aud. lieu, contenant deux faucheurs,
« confronte la rivière de Verneizon de bize, pré de Pierre Vi-
« lard du levant, pré et terre de sieur Estienne Pourroy des
« autres parties.

« Autre terre aud. Echevis, et en la Chardère, contenant
« deux sesterées six pugnères, confronte terre et vigne de s^r
« Estienne Pourroy de toutes les parties.

« Autre pré joutte le moulin dud. lieu, contenant deux fau-
« cheurs, joutte la rivière de Vernezon du vent, pré de Jean
« Algoud du couchant, led. moulin du levant ».

Ces fonds, alors tenus par le curé d'Echevis, étaient biens ecclésiastiques. Aussi le parcellaire les indique sans les cotiser[1].

D'après le procès-verbal de visite de 1658, l'évêque trouve alors à Echevis « la chapelle de St-Jacques, de laquelle M^{re}
« Jacques Bessée se dit recteur, laquelle a environ 60 livres de
« rente », mais « est sans ornements et sans service ». Sur quoi, le prélat ordonne que « celuy qui se pretand pourveu de lad.
« chapelle... fondée dans lad. esglise (la paroissiale), raportera
« par devers » lui évêque « les provisions et autres titres et
« documents pour justifier les revenus d'icelle ; pour, ce fait,
« le service de lad. chapelle estre reglé ; et, à faute d'i satisfaire
« dans le délai de 2 mois, sera declairée vacante et impetrable ».
Il s'agit manifestement ici de la chapelle Ste-Anne, appelée à tort St-Jacques ; car le document invoqué ne mentionne que celle-là, et, autant la tradition locale est muette sur *St-Jacques*,

1. Archiv. de la mairie d'Echevis.

autant elle est vivante et formelle sur *Ste-Anne*. Du reste, celle-ci figure seule dans l'*Estat des paroisses du diocèse de Die* en 1687, qui la désigne ainsi : « Une chapelle de Ste-Anne, pos-« sedé par le prieur de la Saone, valant environ 120 livres » [1].

Voici sur elle des renseignements plus circonstanciés. Du mariage de Jean de Boffin, seigneur de la Sône, de Parnans et d'Argenson, contracté, le 5 octobre 1614, avec Olympe de Morges, naquit, entre autres enfants, Jean-Baptiste de Boffin [2], lequel était en 1665 prieur de St-Pierre de la Sône et patron de la « cure de Chastelus et Eschevis [3] ». Ce prieur est en outre qualifié plus tard d'écuyer et de « chanoine de l'église collégiale « de St-André de Grenoble », où il habitait, et de « recteur de « la chapelle de Ste-Anne, fondée dans l'églize paroissialle « d'Echevis, dependante de sond. prieuré de la Sône ». A ce dernier titre, il donne en arrentement, le 15 novembre 1694, à Louis Millou, curé d'Echevis : 1° « un tenement de maison et « ses dépendances, consistant en precours, prés, terres, bois, « blaches, hermes, situés aud. Eschevis, dependants de lad. « chapelle de Ste-Anne » ; 2° une terre dépendante de la cure de Châtelus. L'arrentement est fait pour 8 ans à dater de la Toussaint précédente, et au prix de 120 livres de l'ordonnance par an. Millou devra faire habiter quelqu'un dans la maison, maintenir celle-ci couverte, « et, pour ce faire, s'il y est neces-« saire des attraits, led. sr de Bofin les fournira et seront em-« ploiés ou faits employer pour led. sr Milhou a ses fraix ». Millou fera bien les cultures usitées ; fera manger et pourrir « toutes les pailles, foins et revires » provenant auxd. fonds, et emploiera « les fumiers sur iceux » ; laissera « aud. sr de « Bofin, à la fin de la ferme et dans la fenière de lad. maison, « la quantité de 15 quintaux 20 livres foin et revivres », et 7 quintaux de paille, « qu'il declare avoir reçu du sr de Bofin ou « du precedent rentier », Jean Reymond ; se charge « de 10 « quartaux froment mesure du Pont, et deux quartaux et demy

1. Id. de la Drôme, *Visites de Die*.
2. Bâllet. cit., t. XV, p. 232-3.
3. Arch. de la Drôme, fonds de la commanderie de Ste-Croix.

« coups comble escosail susd. mesure pour semences, et qu'il
« retirera des mains dud. Jean Reymond », pour les rendre
à la fin du terme. Il maintiendra les écluses et prises d'eau du
grand pré. En cas de gelée, tempête, inondation, Boffin fera
« rabais sur le pris dud. arrentement, a extimation d'espers
« par eux amiablement convenus »

Boffin, « desirant qu'il soit satisfait au service auquel les
« recteurs de lad. chapelle sont obligés,... baille a faire led.
« service, tel que les precedents recteurs de lad. chapelle
« estoient en coutume de faire, scavoir de celebrer trois messes
« toutes les semaines, avec le *Salve Regina* et le *De profundis*
« avec de l'eau benie a la fin de chaq'une messe, aud. Louis
Milhou ». Celui-ci promet de faire ce service « comme il a
« faict cy devant, ensuite du pouvoir que led. » recteur « lui
« avoit donné, et ce pendant lesd. huit années ». A raison de
ce, Boffin payera à Millou 30 livres par an, à retenir sur le
prix de l'arrentement. Stipulé à Echevis, dans la maison curiale, présents Jean-Pierre Pascalis, prieur de Saint-Just, et
d'autres [1].

Biens et service furent sans doute emportés par la Révolution. La maison *de Ste-Anne* est aujourd'hui possédée et habitée par un particulier.

En fait d'institutions charitables, il faut signaler à Echevis
le prélèvement de la 24e partie de la dîme, lequel avait lieu
comme ailleurs en faveur des pauvres de la localité. Il s'agit
apparemment de la distribution de cette 24e dans des notes du
curé Millou, que porte un registre de la fin du XVIIe siècle et
d'après lesquelles on distribua : un jour, 6 livres 19 sols; le 23
juin, 8 livres 4 sols 6 deniers; le 14 juilllet, 29 livres et demie
de pain et 19 d'argent; « le pain à 4 sols et demie la livre, mon-
« te 6 livres 14 sols » ; etc., etc. [2]

L'institution de la 24e, emportée par la Révolution, n'a pas
été remplacée par d'autres pour les pauvres à Echevis, où il
n'y a pas encore de bureau de bienfaisance.

1. Arch. de la mairie d'Echevis, acte inséré dans un reg. de catholicité.
2. Ibid.

La petitesse du chiffre de la population, après avoir beaucoup retardé l'établissement d'une école publique, fait qu'il n'y en a encore qu'une seule, qui par suite est mixte. Mais son logement est vaste et en état parfait depuis la reconstruction de la maison commune en 1876, maison qui comprend, avec l'école et la salle de mairie, le presbytère, qui est par conséquent neuf aussi. Cette école est dirigée, depuis plusieurs années du moins, par un instituteur laïque.

On le voit, Echevis est en véritable progrès religieux et intellectuel. Quoique réduite à de très-faibles ressources, son administration économe et dévouée a su doter la localité, à ce double point de vue comme à plusieurs autres, d'améliorations que des pays plus fortunés sont réduits à lui envier.

www.ingramcontent.com/pod-product-compliance
Lightning Source LLC
Chambersburg PA
CBHW071439060426

42450CB00009BA/2248